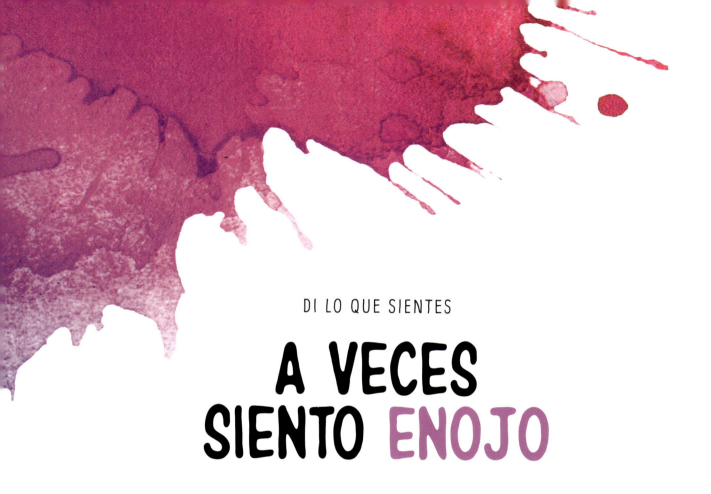

DI LO QUE SIENTES

A VECES SIENTO ENOJO

Escrito por Jaclyn Jaycox

PEBBLE
a capstone imprint

Pebble Emerge es una publicación de Pebble, una marca de Capstone.
1710 Roe Crest Drive
North Mankato, Minnesota 56003
www.capstonepub.com

Los datos de CIP (Catalogación previa a la publicación, CIP)
de la Biblioteca del Congreso se encuentran disponibles
en el sitio web de la Biblioteca.
ISBN: 978-1-9771-3335-9 (encuadernación para biblioteca)
ISBN: 978-1-9771-3336-6 (tapa blanda)
ISBN: 978-1-9771-5492-7 (libro electrónico)

Resumen: ¿Qué significa estar enojado? Aunque el enojo no sea
agradable, ¡es una emoción que todos sentimos! Los niños aprenderán
a identificar el momento en que están enojados y cómo manejar sus
sentimientos. Las fotos grandes y expresivas ayudan a ilustrar cómo
se ve el enojo. Se incluye una actividad de reflexión que permite a los
niños explorar sus sentimientos.

Créditos de las fotografías
Capstone Studio: Karon Dubke, 21; Shutterstock: Africa Studio, 19,
Anastasiia Markus, 18, Annashou, 5, Color Symphony, elemento
de diseño, Dmytro Zinkevych, 15, fizkes, 17, Kira Garmashova, 13,
pixelheadphoto digitalskillet, 11, RanQuick, 9, Syda Productions,
portada, wavebreakmedia, 6, WIRACHAIPHOTO, 7, Zdan Ivan, 12

Créditos editoriales
Diseñadora: Kay Fraser; investigadora en medios: Tracy Cummins;
especialista en producción: Katy LaVigne
Traducción al español de Aparicio Publishing, LLC

CONTENIDO

Las palabras en **negritas** están en el glosario.

¿QUÉ ES EL ENOJO?

¿Alguna vez has discutido con un amigo? ¿Alguna vez tus padres te pidieron que recogieras tu cuarto, pero no querías hacerlo? Es posible que en esos momentos sintieras enojo.

El enojo es una **emoción**, o sentimiento. A lo largo del día, todos tenemos distintos sentimientos. Sentir enojo no es agradable, pero a veces ocurre y es normal.

¿QUÉ SIENTES CUANDO TE ENOJAS?

Piensa en algún momento en que sentiste enojo. Quizá alguien te insultó o te **culparon** por algo que no hiciste. ¿Cómo te sentiste?

Cuando sientes enojo, empiezas
a respirar más rápido. La cara se te pone
roja . Tienes ganas de gritar. Quizá quieras
patalear.

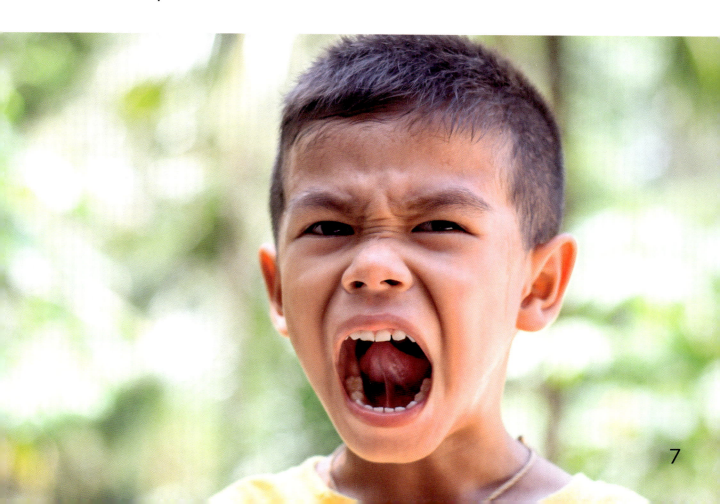

LOS SENTIDOS

Las personas tenemos cinco **sentidos**. Con ellos podemos tocar, saborear, oír, ver y oler las cosas. Los sentidos envían mensajes al cerebro. Ahí es donde empiezan las emociones.

Si oyes que alguien se ríe de ti, es posible que sientas enojo. Si está lloviendo cuando quieres salir a jugar, es posible que sientas enojo.

9

HABLAR SOBRE LOS SENTIMIENTOS

Es importante hablar de tus sentimientos. No es bueno guardarse los sentimientos de enojo. Si sientes enojo, díselo a alguien que aprecies. Explícale por qué te sientes así. Eso te ayudará a calmarte. También ayudará a los demás a saber qué hacer para que te sientas mejor.

ENTENDER EL ENOJO

Todos sentimos enojo en algún momento.
Muchas cosas pueden hacernos enojar.
A veces nos enojamos con una persona.
Si tu hermano rompe tu juguete favorito,
puedes sentir enojo.

Otras veces, nos enojamos con nosotros mismos. Si te resulta difícil hacer la tarea, es posible que sientas enojo.

El enojo es una emoción que nos puede
ayudar. A veces nos hace más **valientes**.
Si alguien se burla de ti, es posible
que te sientas más valiente y te defiendas.

El enojo también puede ayudarnos
a hacer cambios. Si ves basura tirada
en la calle, es posible que sientas enojo.
Podrías hablar con tu familia y sugerir
recogerla entre todos.

MANEJAR TUS SENTIMIENTOS

El enojo puede ser un sentimiento fuerte.
Es importante saber manejarlo.
No conviene que tu enojo crezca
demasiado. No debemos lastimar a nadie
cuando estamos enojados.

Hay cosas que puedes hacer
para calmarte. Puedes respirar hondo.
Después, cuenta hasta 10. Tus malos
sentimientos empezarán a desaparecer.

Puedes abrazar a alguien que aprecies.

Intenta tener buenos pensamientos.

Pon música alegre y baila. Sal a correr.

Puedes ayudar a otras personas cuando están enojadas. Dales espacio para que se calmen. Piensa cómo podrías hacer que se sientan mejor. Diles que estás ahí para ayudar.

ACTIVIDAD DE REFLEXIÓN

A veces, las emociones se vuelven muy grandes. Haz esto para ver cómo son las emociones que tienes en la cabeza.

Qué hacer:

1. Pon 1/2 pulgada (1.3 centímetros) de diamantina en un frasco transparente.

2. Añade agua templada hasta que el frasco esté casi lleno.

3. Pon 2 o 3 gotas de jabón líquido de lavar platos.

4. Cierra la tapa sin apretar demasiado ¡y agita el bote una y otra vez!

Tus emociones son como la diamantina. Se mueven como un remolino en tu cabeza hasta que por fin se calman.

GLOSARIO

culpar —hacerte a ti o a otra persona responsable de algo que ha pasado

emoción —un sentimiento fuerte; las personas sienten y demuestran emociones como la alegría, la tristeza, el miedo, el enojo y los celos

sentido —capacidad para obtener información sobre las cosas que nos rodean; los cinco sentidos son el oído, el olfato, el tacto, el gusto y la vista

valiente —persona que muestra valor o está dispuesta a hacer algo difícil

ÍNDICE